PIÈCES JUSTIFICATIVES

RELATIVES AU

RÉCIT DE L'APPARITION

de la

Très Sainte Vierge

sur la

MONTAGNE DE LA SALETTE

Le 19 Septembre 1846

Réédité par Mélanie CALVAT, en Mai 1904

« *Eh bien ! mes enfants, vous le ferez passer à tout mon peuple.* »

Prix : 0 franc 30

ET NOSTRE DAME DIEU AYDE IHI

Imprimerie HENRI DOUCHET
MÉRICOURT-RIBEMONT (Somme)

1904

PIÈCES JUSTIFICATIVES

RELATIVES AU

RÉCIT DE L'APPARITION

DE LA SALETTE

BIBLIOGRAPHIE

La présente brochure complète le **Récit de l'Apparition de la Salette,** que Mélanie vient de faire réimprimer à Lyon, tel qu'elle le publia en 1879, avec l'Imprimatur de Mgr Zola, evêque de Lecce.

On peut se procurer le Récit de l'Apparition de la Salette, à la Librairie du Sacré-Cœur, 17, rue St-Dominique, à Lyon. — *Prix : 0 fr. 30.*

En Vente a l'Imprimerie H. Douchet :

L'Echo de la Sainte Montagne et la **Suite de l'Echo de la Sainte Montagne,** réimpression des deux volumes de Mlle des Brulais, en un seul volume compacte, in-8° jésus, 2 colonnes, de 280 pages, broché. — *Prix : 2 fr. 50 ;* Franco, *3 fr.*

EN PRÉPARATION

Le Même Ouvrage, sur beau papier, à grandes marges, avec titres en couleurs et illustré des 10 gravures et du plan de l'Album de Mlle des Brulais. — *Prix : 4 fr. ;* Franco, *4 fr. 80.*

SOUS PRESSE

Les Premiers Témoins de l'Apparition. — Extraits analytiques des Ouvrages et Documents des Auteurs Contemporains.

Ma Profession de Foi sur l'Apparition de N.-D. de la Salette, ou Réponse aux attaques dirigées contre la croyance des Témoins, par Maximin Giraud, l'un des Bergers.

PIÈCES JUSTIFICATIVES

RELATIVES AU

RÉCIT DE L'APPARITION

de la

Très Sainte Vierge

sur la

MONTAGNE DE LA SALETTE

Le 19 Septembre 1846

Réédité par Mélanie CALVAT, en Mai 1904

« *Eh bien ! mes enfants, vous le ferez passer à tout mon peuple.* »

Prix : 0 franc 30

Imprimerie HENRI DOUCHET
à MÉRICOURT-RIBEMONT (Somme)

1904

PRÉFACE

Depuis plus d'un demi-siècle, la question de la Salette est en butte à la contradiction, car même avant la publication du Secret confié à Mélanie, l'opposition s'acharnait à amoindrir, pour ne pas dire davantage, la portée du fait de l'Apparition. Peut-on espérer que la récente publication *in-extenso* du Secret de la Salette, par la bergère qui en a reçu la confidence, trouvera grâce devant des adversaires qui n'ont jamais désarmé ? Assurément, non.

Si l'on n'avait à redouter que les objections des ignorants ou des incrédules de bonne foi, on pourrait espérer que la publicité donnée à ces avertissements de la Reine du Ciel et du Clergé porterait ses fruits, mais il faut compter également avec le parti pris qui tire son origine de l'orgueil et de l'endurcissement du cœur et avec les calomnies d'autant plus perfides qu'on les répand en toute connaissance de cause.

C'est pour lutter contre ce parti pris et pour réfuter ces assertions calomnieuses que parallèlement à la réédition qui a été faite récemment, à Lyon, du Secret publié en 1879, avec *imprimatur* de Mgr l'Evêque de Lecce, nous donnons, de notre côté, le texte de plusieurs lettres, notamment d'une première lettre de Mgr Zola, qui a donné l'*imprimatur*, puis de diverses correspondances postérieures à celle-ci, y compris une lettre de Mgr Petagna, évêque de Castellamare, confesseur de Mélanie pendant plusieurs années, documents que nous trouvons dans les ouvrages de M. A. Nicolas, avocat à Marseille, « chargé par S. S. Léon XIII, de rédiger une brochure explicative sur le Secret tout entier, afin que le public le comprenne bien. »

Mais, dira-t-on, — à l'appui de cette thèse que Mélanie peut avoir prévariqué et failli à sa mission que l'on s'obstine à considérer comme terminée après l'envoi de son Secret, — mais, la bonne foi de Mgr Zola peut avoir été surprise en 1879 et, si comme on le proclame avec tant d'acharnement, Mélanie est devenue indigne de la grâce reçue sur la Sainte Montagne, assurément ceux qui ont consenti à prendre sa défense autrefois n'auront pas manqué de la désavouer et d'ailleurs, son Secret, ce fameux Secret, n'a-t-il pas été mis à l'Index par le Pape ?

A ceci, une dernière lettre peu connue de Mgr Zola, (1) écrite en

(1) Ne voulant pas imiter l'attitude des adversaires de la Salette, nous nous abstenons de préciser ce que notre défense pourrait présenter de désobligeant, pour les personnes, dans la reproduction d'une *note du traducteur*.

1896, répondra, nous l'espérons, d'une façon satisfaisante pour les personnes de bonne foi.

Ce document pourra, tout au moins, prouver que, jusqu'en 1896, Mélanie était considérée, par des prélats faisant l'honneur de l'épiscopat, comme étant restée fidèle à sa mission qui n'était pas terminée. Si donc les opposants sont déjà pris en flagrant délit de mensonge pour la période qui va de 1846 à 1896, c'est-à-dire pendant tout un demi-siècle de la vie de la pieuse bergère, on nous concédera bien que leurs allégations ont beaucoup de chances pour n'être pas plus exactes en ce qui concerne les années suivantes.

Est-ce à dire, d'ailleurs, que l'on soit même désarmé pour la défense de ces dernières années ? J'ai actuellement sous les yeux un ouvrage d'un zélé défenseur de l'Apparition et du Secret, dans lequel cet auteur reproche à un adversaire d'oublier *même les simples convenances de politesse envers une femme âgée et encore vivante*. La même réserve s'impose pour la défense et il ne faudrait pas faire montre, preuves en mains, de dix fois moins d'ardeur dans cette défense qu'il n'en est déployé dans l'attaque, pour être accusé de vouloir canoniser, de son vivant, le dernier témoin de l'Apparition.

Ils m'ont tuée, je reste morte... disait Mélanie dans une circonstance solennelle. Mais combien l'on pourra redire d'elle : « defuncta adhuc loquitur. » Aussi, sous certains rapports, et tenant compte de l'avis « qui stat, videat ne cadat », nous imiterons sa réserve, et nous *ne commencerons à* [parler] *que lorsqu'elle aura complètement cessé de vivre* et reçu sa récompense méritée par un long martyre, par une ingrate méconnaissance et par les calomnies les plus noires.

Marie disait à Bernadette : « Et moi je vous promets une belle place au Ciel. » Nous ne doutons pas qu'elle obtiendra la même faveur pour celle qui témoigne avec héroïsme, depuis près de 60 ans !

Dieu la garde pour assister, hélas ! à l'accomplissement des terribles menaces qu'elle entendit sortir des lèvres de la Reine des Prophètes.

Que nos lecteurs prient pour cette humble Bergère qui est elle-même une *Orante* perpétuelle.

Marius CREDO.

LETTRE DE Mgr PETAGNA

à S. G. Monseigneur l'ancien Evêque de Luçon.

J. M. J. Ce 5 mars 1872.

Monseigneur,

Ayant su les calomnies qu'on a répandues sur la conduite de la Bergère de la Salette, et qu'on a porté ces calomnies jusqu'à Sa Sainteté Pie IX, j'en fus grandement affligé. Comme la maladie m'empêchait de vous en écrire, je chargeai le T. R. P. Zola, abbé des chanoines réguliers de Latran, son confesseur, de me remplacer et de vous prier de faire tout votre possible pour que la vérité triomphe du mensonge. Aujourd'hui je ne peux que vous affirmer ce que vous a écrit le R. abbé Zola ; c'est-à-dire que la pieuse Bergère est très édifiante dans sa conduite ; que depuis environ cinq ans je l'ai sous ma tutelle ; qu'elle n'a jamais quitté ces lieux, et qu'elle n'amasse pas d'argent comme on le soutient, car c'est moi qui pourvois à tous ses besoins, et qu'elle n'est pas désobéissante à ses supérieurs. Je vous prie donc, Monseigneur, de faire connaître la vérité au Saint-Père, aussitôt que vous le jugerez convenable, afin de le délivrer de la peine que lui causent ces calomnies.

Agréez, Monseigneur, etc.

Nous avons la joie d'annoncer que S. S. Pie IX, instruit de cette dernière machination des opposants, a cessé d'être en proie à la douleur que ces rapports lui avaient si injustement causée.

(Extrait des opuscules de feu M. Girard, sur les *secrets de la Salette et les deux Bergers.*)

LETTRE DE Mgr ZOLA A M. GIRARD

J. M. J. A., ce 6 janvier 1872.

MON TRÈS CHER MONSIEUR,

PARDON si je tarde toujours à vous répondre ; mais mes occupations ainsi que les souffrances dont Dieu daigne m'honorer, ne me permettent pas toujours de faire selon mes désirs. Avant tout, je vous remercie de vos opuscules sur les *Secrets de la Salette*. En les lisant, j'ai éprouvé bien de la joie, car j'ai été édifié de votre piété et de votre zèle, trop rares dans ce temps, pour la gloire de Dieu et de sa sainte Mère, comme aussi pour le salut des âmes et le bien de la société. Celle-ci marche à grands pas vers une dissolution complète, et tombe dans l'abîme où la précipitent les principes d'impiété qui la gouvernent. Je vous bénis, Monsieur, d'employer votre vie et les talents que N. S. vous a donnés, à combattre ces erreurs, à répandre les bonnes idées et à défendre la justice, la vérité et la religion. Oui ! vous rendez un grand service à la société, et je vous encourage à persévérer dans cette sainte mission de tout bon catholique.

Quant à la grande affaire de la Salette, que vous avez à cœur et pour laquelle vous me demandez un témoignage sur la Bergère de la Sainte-Montagne, pour l'opposer aux contradicteurs des mystérieuses et importantes révélations de notre divine Mère, et aux diffamateurs de la vertueuse Mélanie, je vais vous dire ce que, devant Dieu et selon les lumières qu'il daigne me donner, je pense sur cela.

Les œuvres du Seigneur se certifient par elles-mêmes. La parole divine a sa propre force ; la vérité est vivante de sa propre vie ; c'est là son plus solide témoignage. Tous les prophètes sont les témoins de ce fait : *Sancti per fidem vicerunt regna, operati sunt justitiam, adepti sunt repromissiones*, et c'est pour cela que, *secti sunt, lapidati sunt, in occisione gladii mortui sunt.* (Héb. II, 37). Celui donc qui chercherait par des preuves humaines ou personnelles à se convaincre d'une parole divine, s'exposerait fort à se tromper, puisque bien souvent le bon Dieu, dans sa sagesse, emploie des méchants pour annoncer aux hommes de sublimes secrets. Balaam était un faux prophète, et Dieu s'en servit pour faire entendre cette belle prophétie sur la venue du Messie : *Orietur stella ex Jacob et consurget virga de Israël.* (Num. 24). Caïphe était un méchant ; mais parce que dans cette année-là il était grand-prêtre, Dieu voulut qu'il prophétisât la nécessité de la mort de J.-C. pour le salut des hommes, *Prophetavit quia erat Pontifex anni illius* : et il disait au sanhédrin : *Expedit vobis, ut unus homo moriatur pro populo, et non tota gens pereat.* (Jean, XI, 51, 49.)

A notre époque de funeste incrédulité et d'abominable iniquité, la très sainte Vierge, l'admirable dispensatrice des grâces divines, la bonne Mère de miséricorde, pour préserver non seulement la France, mais le monde entier, des plus terribles épreuves de la colère de Dieu, et pour secouer les cœurs durs et obstinés, descendit sur la Salette, et en pleurant annonça la grande nouvelle, donna ses avertissements, menaça la terre d'affreux châtiments, prédit les catastrophes des derniers temps du monde.

Pour publier, en temps opportun, ces divines communications, elle se servit de deux petits enfants, de deux ignorants et simples bergers. Or, voudrait-on fonder la vérité de ces célestes manifestations sur les qualités morales des deux témoins ou sur leur conduite présente ? Mais quel aveuglement ! Les calomniateurs de la bonne et vertueuse Mélanie, en prenant cette voie pour apprécier les célestes vérités dernièrement reproduites par vous, n'ont pu éviter de tomber dans l'erreur et en même temps de manquer à la charité. Un homme de bon sens se serait contenté de mettre en pratique les bons conseils contenus dans ces révélations ; et un homme d'intelligence qui voudrait s'assurer de leur importance et de leur caractère, le ferait d'après les règles établies pour de telles vérifications, cependant en soumettant toujours son appréciation et toute la question au jugement de l'Eglise et spécialement à l'autorité infaillible de son Chef, le Pontife Romain. Mais, mon Dieu ! quel examen veut-on faire des vérités qui sont conformes à la sainte Ecriture et aux documents qu'offre l'histoire ecclésiastique et que l'Eglise avoue et ne cesse de rappeler ? Pour prouver la nécessité de se convertir et porter à la pénitence en certifiant les grandes et importantes communications de la Salette faites par Mélanie, et pour rendre toute leur valeur à ces révélations ébranlées un peu par les calomnies vomies, comme vous me dites, contre cette pauvre enfant, il n'y a pas besoin de certificat sur sa bonne conduite. Ce certificat, qu'il ne vous est pas donné de délivrer, non plus à moi, ni à d'autres, quoique nous connaissions bien ce qu'est la pieuse Bergère, soyons certains que Dieu le donne, car Dieu *judicat justè... et reddet unicuique secundum opera ejus* (Jér., S. Paul, S. Matth.). Dieu ne manque jamais, au moment voulu, de faire briller la vérité, de défendre l'innocence contre toutes les diffamations. Alors les calomniateurs seront dans la confusion, parce qu'il est écrit : *Salvos faciet filios pauperum et humiliabit calumniatorem* (Ps. LXXI, 4). Mais, à ceux qui veulent apprécier en toute sagesse et sécurité ce document qui préoccupe le public, nous avons plus qu'un certificat à leur présenter. Ce sont les circonstances par lesquelles la très-sainte Vierge a amené Mélanie dans notre pays ; là, elle a été connue par plusieurs autorités ecclésiatiques, renommées par leur grande sainteté et leur science profonde ; depuis son arrivée qui remonte bientôt à cinq ans, elle est sous la tutelle spéciale du vénérable et savant évêque de ce diocèse, Mgr Petagna. Vous en avez entendu parler à Marseille, où ce saint évêque a vécu pendant son exil. Je n'ajouterai donc rien à ce qu'on vous a dit de ses vertus et de ses talents. Certainement ce grand Évêque ne prendrait pas un soin tout paternel de cette chère enfant et ne la protégerait pas, si elle était ce qu'on ose dire... Soyez certain encore que ce Pasteur connait parfaitement la Bergère de la Salette et dans tout le passé et dans tout le présent. Cela seul réfute suffisamment les calomnies, car Mgr ne relentit pas son dévouement. C'est là, ce me semble, un certificat en fait, qui doit bien l'emporter sur un certificat en paroles. Or, si les diffamateurs et les personnes qui se laissent tromper ne sont pas capables de faire cette simple réflexion et de comprendre cela, il ne nous reste plus qu'à prier pour eux.

Ainsi, Monsieur, vous n'avez pas besoin de demander à personne d'autres certificats sur la bonne et exemplaire conduite de Mélanie, qui dans sa retraite prie sans cesse pour ses ennemis, les ennemis de N.-D. de la Salette, ceux de l'Eglise et de la pauvre France. Toutefois ses détracteurs, dont les calomnies ne peuvent nuire ni à Mélanie qui se croit heureuse de souffrir quelque chose pour la vérité, ni aux divines paroles révélées sur la Salette, qui se certifient par elles-mêmes et que les contraditions rendront toujours plus éclatantes, devraient au moins respecter les tristesses et les douleurs réelles de notre Souverain Pontife, au lieu de les augmenter par leurs faux rapports. Oh ! je crains que ces ennemis du vrai ne se fassent à eux-mêmes un grand mal, aussitôt que leur méchanceté va jusqu'à cet audace d'aggraver si injustement les chagrins de l'immortel, de l'incomparable Pie IX. Prions pour leur conversion, autrement ils seront forcés de se contredire et de confesser malgré eux, à la gloire de Dieu et de la vérité, que Dieu est là : *Digitis Dei est hic*.

J'espère, Monsieur, que vous n'aurez plus tant à vous préoccuper de vos contradicteurs et des calomniateurs de Mélanie : et qu'alors vous continuerez mieux encore à employer votre zèle, vos talents, votre forte plume, à combattre comme vous le faites dans votre journal et dans vos livres, les infâmes principes d'irréligion et d'immoralité du siècle, et à crier plus fort encore à la société qui se précipite en aveugle dans un abîme de perversité, de revenir et de se convertir en une bonne foi ; qu'autrement elle n'évitera aucun des maux qui lui ont été prédits. Pasteurs et brebis, nous avons tous péché, et nous devons tous nous sanctifier

Telles sont, Monsieur, mes idées sur ce qui fait le sujet de vos lettres : je vous les confie. Vous pourrez les communiquer à qui bon vous semblera. Je suis étranger à la France, par conséquent à votre langue, aussi me suis-je exprimé comme j'ai pu. Toutefois, j'espère que ces paroles suffiront pour tranquilliser les bons esprits. Cependant vous ne publierez cette lettre qu'autant que les circonstances le nécessiteraient, ce que je me réserve de juger (1). Je sais que je puis compter sur votre discrétion.

Enfin je vous prie de me recommander au bon Dieu et aux Sacrés Cœurs, et d'agréer...

S.-L. ZOLA,

Abbé des chanoines réguliers de Latran.

---

(1) Le très Rév. Père abbé des Chan. rég. de Latran a daigné nous écrire, le 22 février 1872, qu'il autorisait la publication de cette lettre. *(Note de M. Nicolas)*.

LETTRE DE Mgr ZOLA

à S. G. Mgr l'ancien Evêque de Luçon

J. M. J. A. J. Ce 29 janvier 1872.

MONSEIGNEUR,

CELUI qui a l'honneur de vous écrire est le confesseur extraordinaire de la bonne Mélanie, Bergère de la Salette.

Des lettres de M. Girard dont Votre Grandeur connaît bien la piété et le zèle, nous ont appris qu'on a osé faire parvenir le mensonge et les calomnies sur la conduite de cette pauvre fille, jusqu'à notre Saint-Père le Pape, qui, hélas! a déja bien assez de ses douleurs trop amères et réelles.

Le digne évêque de ce diocèse, Mgr Petagna, qui la garde sous sa tutelle, a été désolé en apprenant cette triste nouvelle, et il vous écrira aussitôt qu'il sera un peu rétabli, pour vous prier de faire tout ce que votre sagesse jugera utile, afin de détruire les calomnies que l'on répand partout sur le compte de cette chère enfant. Sa Grandeur vous prie même d'en parler au Souverain Pontife, pour que son cœur paternel ne souffre pas davantage. Mais craignant de tarder trop, il m'a chargé de vous en écrire d'avance et de vous certifier de sa part que, depuis bientôt cinq ans que Mélanie est dans cette ville, elle ne l'a jamais quittée: qu'elle est logée, nourrie et entretenue de ce qui lui est nécessaire, par le même Mgr Petagna, qui a toujours pour elle des soins vraiment paternels; que Mélanie n'a jamais demandé ni fait demander de l'argent à personne, et si quelquefois elle a reçu de l'eau de la Sainte Montagne et des objets de piété, elle avait auparavant envoyé l'argent, nécessaire pour cela, aux missionnaires de la Salette; enfin que sa conduite a toujours été vraiment religieuse et édifiante, et qu'elle est soumise en tout et à tout à son évêque et à tous ceux qui ont autorité sur elle.

Voilà, Monseigneur, la vérité en toute sincérité. Elle est devant le bon Dieu telle que je viens de vous la certifier de la part de Mgr Petagna et de la mienne. — On voit bien que cette guerre est suscitée par le démon, moins contre cette pauvre chère et enfant qui a été toujours PERSÉCUTÉE, que contre les célestes révélations de la Salette, afin de les détruire, ou tout au moins de les affaiblir pour empêcher le bien des âmes et la conversion du monde, si c'était possible. Bien que tous ces efforts ne puissent aboutir à rien, parce que contre Dieu et sa divine parole, il n'y a nul moyen de résister, cependant je crois qu'il est de notre devoir d'enlever le voile du mensonge qu'on jette sur la vérité, et de la défendre contre les calomnies, tout en laissant le résultat dans la main de Dieu qui disposera toujours toutes choses pour sa plus grande gloire et le salut des âmes.

Veuillez agréez, Monseigneur, etc.

LETTRE DE Mgr ZOLA

A M. A. NICOLAS, avocat, rue Sénac, 64, à Marseille

Leccé, 5 janvier 1880.

MONSIEUR,

Je suis vraiment étonné de ce bruit qu'on fait maintenant en France, à l'occasion de la publication du Récit et du Secret de Notre-Dame de la Salette. Quelques jours avant l'arrivée de votre lettre, du 22 décembre dernier, je répondis à une pareille lettre, écrite par M. le vicaire général de...., d'ordre de son Evêque, qui était sur le point de frapper de censures canoniques l'opuscule de Mélanie, et les personnes qui le propageaient dans son diocèse.

De ma part, je ne saurais me rendre compte d'une telle opposition suscitée en France par le clergé et même par des évêques, à un écrit qui était déjà dans le domaine public. Je parle du Secret ; car vous n'ignorez pas, Monsieur, que, en 1873, M. l'abbé Bliard publia, à Naples, le même secret (quoique avec de petites réticences) suivi par une série de lettres sur le même sujet. Cette brochure parut avec la permission et l'*imprimatur* de la curie de Son Eminence le cardinal Xiste Riario Sforza, archevêque de Naples, dont la sainteté et la sagesse sont bien connues, même en France.

Le dit secret, en 1851, fut présenté, dans son original, au souverain Pontife Pie IX, de sainte mémoire, et à plusieurs évêques et cardinaux ; et dernièrement il a été soumis à une très respectable et digne personne de grande autorité (et qu'il n'est pas bien à propos de vous nommer ici), et selon ce que je sais très bien, il n'a été pas du tout blâmé ni censuré. Après tout cela, je n'aurais refusé que bien à tort ma licence de l'imprimer à l'éditeur qui me demandait de publier le même secret en 1879. L'éditeur était dans son droit ; et moi-même, c'est-à-dire ma curie épiscopale, en cette occasion, n'avait qu'à se conformer aux règles et aux prescriptions données par l'Eglise ; en fait par la constitution de Pie IV, *Dominici gregis*, l'Évêque ne doit s'opposer qu'à la publication de ces livres *qui vel hæretici sunt, vel de hæriticâ pravitate suspecti, vel certè moribus, vel pietati nocent*. Or, vous ne pourriez rencontrer ni reprocher rien de cela à l'écrit de Mélanie. Vous vous persuaderez plutôt qu'il est destiné et qu'il est en mesure de faire du bien, d'ébranler les cœurs endurcis, de ramener les méchants sur la bonne voie, et de raffermir la foi dans les âmes tièdes et chancelantes, au bruit des terribles châtiments dont un Dieu vengeur, menace notre société prévaricatrice.

En ferait-on peut-être une question de prudence et d'opportunité ? Mais cette question, qui avait bien raison d'être posée lorsqu'il s'agissait de publier pour la première fois le secret, n'a pas lieu d'exister, tandis que le même secret est déjà, depuis longtemps, dans le domaine public, sans que ni le Saint-Siège ni les évêques ne l'aient nullement réprouvé ni incriminé. Et l'on aurait cru faire vraiment un hors-d'œuvre que de s'adresser au Souverain Pontife, avant que ma curie eût délivré sa licence d'imprimer, tandis que ce livre, en faisant sa première entrée dans le public, y parut plusieurs années avant, avec l'approbation de la curie d'un des princes de l'Eglise, le cardinal Riario Sforza.

A l'appui de ces raisons, qui auraient suffi toutes seules pour justifier la démarche de ma curie épiscopale, il me plaît d'ajouter quelques observations qui me sont personnelles. Je connais bien de près la pieuse bergère de la Salette, qui fut confiée à mes soins spirituels dès 1868, quand j'étais l'abbé des chanoines réguliers de Latran, à Sainte-Marie de Pie di Grotta, à Naples. Depuis cette époque, j'eus l'occasion de parler et de traiter de Mélanie et de son secret avec des prélats et des cardinaux qui, dans l'Eglise, étaient en grande vénération par leurs vertus et leur prudence dans le gouvernement du troupeau, autant que par leur sagesse dans le discernement des esprits. Eh bien ! je puis vous assurer sur ma conscience, que le jugement de pasteurs aussi respectables, n'a été toujours que très-favorable à la bonne bergère. J'omets les noms de plusieurs et vous cite seulement quelques noms qui seront certainement à votre connaissance, savoir : le cardinal Xiste Riario Sforza, archevêque de Naples, le cardinal Guidi, Mgr François-Xavier Petagna, évêque de Castellamare di Stabia, Mgr Mariano Ricciardi, archevêque de Sorrento. Le témoignage si grave de ces illustres prélats, m'a confirmé toujours dans mes sentiments d'estime envers Mélanie dont j'admirais les vertus autant que son jugement mûr et réfléchi, qu'on ne rencontre que bien rarement dans les femmes. En outre, ayant entre les mains le manuscrit du secret depuis bien du temps, je suis témoin de l'accomplissement des prédictions qu'il renfermait ; et je puis l'attester maintenant devant Dieu. Donc je suis convaincu de l'authenticité de la révélation, (tout en attendant l'infaillible oracle du vicaire de Jésus-Christ, à qui je soumets entièrement mon jugement), par les vertus de l'heureuse bergère, par le sentiment concordant de plusieurs évêques, et surtout par l'accomplissement des prédictions. Etant ainsi persuadé, j'aurais dû lutter contre ma conscience, pour m'opposer à la publication du secret ; pendant que la très-Sainte Vierge manifestait à Mélanie sa volonté, et déclarait qu'elle pouvait le publier en 1858, je ne pouvais dire : « Je vous défends de le publier ».

Mais, dans le secret, on parle de l'abomination qui a pénétré jusque dans le lieu saint... Hélas, Monsieur, ce sont d'affreuses et bien tristes vérités. Mais le peuple, malheureusement, ne l'ignore pas. Il est témoin, bien des fois, des plaies qui affligent et désolent l'Eglise ; les scandales et les désordres des personnes consacrées à Dieu n'étant pas dérobés à ses yeux. Oh ! que je brûlerais bien volontiers toutes les pages du secret, si je pouvais par là envelopper d'un voile épais et impénétrable tous ces égarements des ministres de Dieu, qui arment son bras des foudres et de sa colère, et mettent dans les mains des radicaux les couteaux du massacre !

Je ne puis terminer cette lettre sans vous dire encore,

un mot au sujet de la vertueuse Mélanie, cette âme privilégiée qu'en France l'on méprise, et que l'on accuse d'invention, d'extravagance et de folie. Ces Messieurs, qui ont coutume de tout juger et de blâmer tout à la légère, ne connaissent peut-être que bien peu ce qui la regarde. Or, ainsi qu'elle fut honorée sur la montagne par la Mère de Dieu, elle a été aussi honorée par le Vicaire de Jésus-Christ, Léon XIII, qui, bien loin de la mépriser ou de la condamner, voulut l'écouter personnellement l'année dernière, et lui accorda une audience privée. A cette occasion, elle demeura à Rome pendant cinq mois dans le couvent des *Salésianes* (la Visitation). Et c'est en ce temps-là qu'elle a été mieux connue et plus estimée, surtout par ces bonnes religieuses qui l'environnaient, et qui ont été bien édifiées par ses vertus et par sa sagesse. J'en ai reçu des attestations bien sûres de personnes de grande autorité, pendant que j'étais à Rome, en septembre dernier.

Ces renseignements, je crois, suffiront pour répondre à votre question ; si vous le croyez, vous pourrez bien les faire connaître à sa grandeur Monseigneur l'évêque de Marseille, mais pas à d'autre, ni les publier de ma part.

Agréez, Monsieur, l'assurance de la considération très-distinguée avec laquelle j'ai l'honneur d'être,

Votre très humble serviteur,

SAUVEUR LOUIS, *évêque de Lecce*

LETTRE de S. G. Mgr Sauveur-Louis ZOLA

ÉVÊQUE DE LECCE

A l'Abbé Isidore ROUBAUD, à Saint-Tropez (Var)

VESCOVADO
DI
Lecce
—

Lecce, le 24 Mai 1880.

MONSIEUR LE CURÉ,

Je déplore vivement l'opposition que la France fait maintenant au céleste Message de la Salette. Nous sommes déjà à la veille des châtiments terribles dont nous a menacés la Mère de Dieu, à cause de nos prévarications, et cependant nous préférons repousser les avertissements d'une Mère si tendre et si miséricordieuse, plutôt que de profiter de ses leçons, seul acte de notre part qui pourrait diminuer l'intensité des fléaux dont nous menace la colère divine. Je reconnais en cela l'œuvre de notre vieil ennemi, qui a le plus grand intérêt à exploiter tout moyen, surtout auprès des ministres de Dieu, *ut videntes non videant et intelligentes non intelligant.*

Votre pieuse croyance et votre dévotion filiale à Notre-Dame de la Salette vous engage à me demander beaucoup de choses et de renseignements au sujet du secret de Mélanie ; aussi me vois-je dans l'embarras en voulant vous satisfaire par une simple lettre.

Toutefois, je m'efforcerai de me conformer à vos désirs autant qu'il me sera possible.

Ce ne fut que le 3 juillet 1851, que Mélanie écrivit elle-même son secret, pour la première fois, au Couvent de la Providence, à Corenc, par ordre de Mgr de Bruillard, évêque de Grenoble, et en présence de M. Dausse, ingénieur en chef des ponts et chaussées et de M. Taxis, chanoine de la cathédrale de Grenoble. Mélanie remplit trois grandes pages d'un seul trait, sans rien dire, sans rien demander. Elle signe sans relire, plie son secret, et le met dans une enveloppe. Elle met ainsi l'adresse :

« A Sa Sainteté Pie IX à Rome. »

Le lendemain 4 juillet, le secret est recopié par Mélanie elle-même, à l'évêché de Grenoble, dans le but de bien distinguer deux dates des événements qui ne doivent pas arriver à la même époque. Mélanie, n'ayant mis la première fois qu'une seule date, craignait que, pour ce motif, le Pape ne comprît pas bien, et qu'il y eût par conséquent équivoque.

Le 18 juillet, M. Gérin, curé de la cathédrale de Grenoble, et M. Rousselot, vicaire-général honoraire, deux saints prêtres d'un âge avancé et très respectables à tous égards, remettaient à Sa Sainteté Pie IX les lettres de Mgr de Grenoble et celles de Maximin et de Mélanie renfermant leurs secrets.

Mélanie n'a pas envoyé à Sa Sainteté Pie IX tout le secret qu'elle a publié dernièrement, mais seulement tout ce que la Sainte Vierge lui inspira sur l'heure d'écrire de cet important document, et en outre bien des choses qui pouvaient concerner Pie IX personnellement. Toutefois, par suite d'informations que je vous donne *comme très précises*, je sais que les reproches adressés au clergé et aux communautés religieuses étaient contenus *identiquement* dans la partie du secret donnée à Sa Sainteté Pie IX.

L'heureuse bergère de la Salette communiqua plus tard à diverses personnes quelques autres parties du secret, lorsqu'elle jugeait que le moment opportun pour les publier était arrivé. Mais la publication du secret tout entier n'a été faite que dans la brochure écrite par Mélanie elle-même et imprimée à Lecce en 1879, sur la demande et aux frais d'une pieuse personne.

En 1860, à Marseille, un des directeurs de Mélanie obtint un manuscrit du secret ; il me fut remis à moi-même en 1869, lorsque j'étais le directeur spirituel de Mélanie par ordre de Mgr Petagna, évêque de Castellamare de Stabia. Le 30 janvier 1870, Mélanie livra entre les mains de M. l'abbé Félicien Bliard ce même document, avec sa déclaration d'authenticité et sa signature, mais avec de petites réticences indiquées par des points et par des etc..., remplaçant ainsi les parties du secret qu'elle ne jugeait pas devoir encore dévoiler. La partie concernant les prêtres et les religieux, presque entière, y était à sa place. M. l'abbé F. Bliard en adressa de Nice une copie, le 24 février 1870, certifiée conforme, au R. P. Séménenko, consulteur de l'Index à Rome et supérieur du séminaire polonais. Il fit de même pour plusieurs dignitaires de l'Eglise. Cependant le secret de la bergère de la Salette s'était répandu déjà partout, en manuscrit, surtout parmi les communautés religieuses et parmi le clergé.

En 1873, M. l'abbé F. Bliard publia ce document, tel qu'il l'avait reçu de Mélanie en 1870, avec ses savants commentaires, dans une brochure intitulée : « *Lettres à un ami sur le secret de la bergère de la Salette.* » Cette brochure parut à Naples avec l'approbation, donnée le 30 avril 1873, par la curie de son Eminence le cardinal Xyste-Riario Sforza, archevêque de Naples ; je puis certifier moi-même l'authenticité de cette approbation, et aussi l'authenticité de la lettre que j'adressai à M. l'abbé F. Bliard, en date du 1er mai 1873, après ma promotion à l'évêché de Ugento, lettre qui fut imprimée à la première page de la dite brochure.

M. C.-R. Girard, savant directeur de la *Terre-Sainte* à Grenoble, tenant de M. Bliard le secret de Mélanie, le publia dès 1872 dans son livre intitulé : « *Les secrets de la Salette et leur importance* ». Cette brochure n'était que le premier de cinq bien importants opuscules qui ont paru plus tard, et qui sont destinés, par le même auteur, à justifier et à confirmer les révélations de la Salette, ainsi qu'à les défendre des attaques de ses ennemis. Ces ouvrages de M. Girard ont été honorés de l'agrément et de la bénédiction de Sa Sainteté Pie IX et des encouragements de plusieurs théologiens et évêques catholiques. L'*Avenir dévoilé*, dans son supplément, contenait aussi le Message à peu près conforme à celui publié par M. F. Bliard.

Je vous dirai encore que pendant plusieurs années, étant l'abbé des Chanoines réguliers de Latran à Sainte-Marie de Piedigrotta à Naples, en ma qualité de supérieur de cet ordre, j'eus l'occasion d'entretenir des relations avec de très respectables prélats et princes de l'Eglise romaine. Ils étaient assez bien informés à l'égard de Mélanie et de son secret, ils avaient reçu presque tous ce document. Eh bien ! tous, pas un seul excepté, portèrent un jugement tout-à-fait favorable à cette divine révélation et à l'authenticité du secret. Je me borne à vous citer entre autres : Mgr Petagna, évêque de Castellamare de Stabia, qui tenait sous sa tutelle, depuis quelques années, la bonne bergère de la Salette ; Mgr Mariano Ricciardi, archevêque de Sorento ; Son Eminence le cardinal Guidi ; Son Eminence le cardinal Xyste-Riario Sforza, archevêque de Naples... Ces saints et vénérables pasteurs m'ont parlé toujours de façon à me confirmer profondément dans ma croyance, devenue désormais inébranlable, à la divinité des relations renfermées dans le secret de la bergère de la Salette. Je tiens aussi *de source certaine* que notre Saint Père Léon XIII a également reçu ce même document *tout entier*.

Je n'oublie pas, mon cher monsieur le Curé, que le secret contient des vérités bien dures à l'adresse du clergé et des communautés religieuses. On se sent le cœur bien oppressé et l'âme toute terrifiée quand on aborde de semblables révélations. Si je l'osais, je demanderais à Notre-Dame pourquoi elle n'a pas enjoint de les ensevelir dans un éternel silence. Mais poserons-nous des questions à Celle qui est appelée le trône de la sagesse ? Profiter de ses leçons, voilà toute notre tâche.

Cependant, les plaintes de notre très-miséricordieuse Mère, et les reproches adressés aux pasteurs et aux ministres de l'autel ne sont pas sans raison ; et ce n'est pas la première fois que le Ciel adresse au clergé de semblables reproches destinés à devenir publics. Nous en trouvons dans les psaumes, dans Jérémie, dans Ezéchiel, dans Isaïe, dans Michée, etc., dans les œuvres des Pères et des docteurs de l'Eglise, dans les sermons des évêques et des auteurs sacrés, dans plusieurs révélations qui ont été faites en ces derniers temps à des saints et à des saintes ; dans les lettres de sainte Catherine de Sienne, dans les écrits de sainte Hildegarde, de sainte Brigitte, de la bienheureuse Marguerite-Marie Alacoque, de sœur Nativité, de l'extatique de Niederbronn, Elisabeth Eppinger, de sœur Marie Lataste, de la servante de Dieu Elisabeth Canori Mora, etc.... Je passe sous silence les révélations de sainte Thérèse, de sainte Catherine de Gênes, de Marie d'Agréda, de Catherine Emmerich, de la vénérable Anna-Maria Taïgi et de plusieurs autres.

Il est toutefois certain qu'il ne faut pas prendre au pied de la lettre les termes généraux concernant les reproches adressés au clergé et aux communautés religieuses ; car il existe un langage qui est propre au style prophétique. Aussi, les termes du Secret, pas plus que les termes prophétiques de nos saints livres, ne peuvent-ils nous inspirer du mépris ou de la méfiance pour ceux qui auront toujours droit à notre respect, à notre estime et à notre confiance.

Nous nous réjouissons d'ailleurs en voyant dans le sein de l'Eglise des pasteurs et des Ministres resplendissants par l'éclat de la science et de la Sainteté : que de belles âmes, que d'âmes vraiment nobles, généreuses, pleines de charité, avides de dévouement et de sacrifices n'y trouve-t-on pas ? Peut-être, monsieur le Curé, vous qui voyez fleurir autour de vous tant de fervents ministres de Dieu, vous aurez peine à comprendre les révélations si humiliantes et les paroles menaçantes et terribles adressées par l'Auguste Mère de Dieu à la phalange sacerdotale ! Ah ! s'il en était de même partout ! Mais n'oublions pas, Monsieur, que la divine Mère embrasse de son regard l'univers tout entier, et que son œil si pur peut-être attristé par bien des choses que nous ne pouvons ni connaître ni même soupçonner, quelque pénible et humiliant qu'il puisse être pour nous d'entendre les révélations qui tombent des lèvres virginales de cette bonne Mère ; prions-la d'obtenir de Dieu pour nous la grâce de les recevoir avec reconnaissance et avec fruit. Rien, si ce n'est notre docilité, ne pourra diminuer la rigueur des châtiments qui nous sont réservés et hâter l'avènement du règne de la justice et de la paix.

Quant au secret imprimé à Lecce, je vous assure qu'il est identique à celui qui me fut donné par Mélanie en 1869 ; elle a comblé seulement dans ce dernier ces lacunes, ces petites réticences qui, du reste, étaient loin de rien ajouter ou de rien ôter à la substance de ce document. Je l'ai moi-même fait examiner par ma curie épiscopale, suivant les règles de l'Eglise, et mon vicaire-général, n'ayant trouvé aucune raison qui pût s'opposer à la publication du secret, a délivré sa licence d'imprimer en ces termes : « *Nihil obstat, Imprimatur* », à la personne qui voulait le publier à ses frais et selon ses pieuses intentions. Cette approbation, ainsi qu'on le voit à la fin de la brochure, a été bien donnée le 15 novembre 1879. La brochure a été écrite réellement et entièrement par Mélanie Calvat, bergère de la Salette, laquelle était surnommée Mathieu. Il n'est pas possible d'élever des doutes sur l'authenticité de cette brochure.

Voici maintenant ce qui concerne la personne de Mélanie. Cette pieuse fille, cette âme vertueuse et privilégiée, que l'esprit des méchants à cherché à avilir en la faisant l'objectif de ses détestables et grossières calomnies et de son orgueilleux dédain, je puis attester devant Dieu qu'elle n'est, en aucune manière, ni fourbe, ni folle, ni illusionnée, ni orgueilleuse, ni intéressée. J'ai eu, au contraire, l'occasion d'admirer les vertus de son âme, ainsi que les qualités de son esprit, pendant toute cette période de temps que je l'eus sous ma direction spirituelle, c'est-à-dire de 1868 jusqu'à 1873. A cette dernière époque, à la suite de ma promotion de supérieur des chanoines réguliers à l'évêché de Ugento, ne pouvant désormais m'occuper de sa direction, j'ai voulu toutefois continuer avec elle des relations écrites. Je puis affirmer que, jusqu'à ce moment, sa vie défiante, ses vertus, ses écrits, ont gravé profondément dans mon cœur les sentiments de respect et d'admiration que je dois garder bien justement à son égard.

Notre Saint Père Léon XIII, en 1879, a daigné honorer Mélanie d'une audience privée et la charger aussi de la compilation des règles du nouvel ordre, préconisé et réclamé, par Notre-Dame de la Salette, et intitulé : « *Les Apôtres des derniers temps* ». Pour achever une telle rédaction, l'ex-bergère demeura pendant cinq mois dans le couvent des Salésianes, à Rome. Pendant ce temps, elle a été encore mieux connue et plus estimée, surtout par ces bonnes religieuses, qui ont donné de très-favorables attestations sur le compte de cette heureuse bergère de la Salette.

Je sais enfin, par mes informations, que M. Nicolas, avocat à Marseille, étant à Rome le samedi-saint 1880, a été chargé par Sa Sainteté Léon XIII de rédiger une brochure explicative du *secret tout entier, afin que le public le comprenne bien.*

Ces renseignements suffiront, je crois, pour vous confirmer dans votre croyance. J'aurai beaucoup à vous dire encore, mais je ne veux pas vous entretenir plus longtemps dans une lettre d'une question qui ne pourrait être dignement et complètement traitée que dans un livre.

Recevez, mon cher monsieur le Curé, les sentiments de ma considération respectueuse et distinguée.

Votre très-humble serviteur en N.-S.

Signé, † Sauveur-Louis, Evêque de Lecce

VESCOVADO
DI
Lecce

Lecce, le 27 mai 1880.

Mon bien cher Monsieur l'avocat,

J'AI reçu votre bonne lettre du 21 courant, laquelle m'a fait beaucoup de plaisir pour tous les renseignements que vous me donnez ; j'étais déjà au courant de tout ce qui était arrivé à...... à l'égard de la Salette, et de l'article vraiment impie qui semblait écrit par la main du diable.

Je vous félicite de votre zèle à défendre, à propager et à bien faire comprendre le secret de la Salette. Continuez de travailler pour la gloire de Dieu et de la divine Mère ; les âmes pieuses s'édifieront de votre bon livre, les ennemis de la Salette seront confondus ; je vous bénis vous et tous vos pieux travaux. Je vous suivrai par mes prières.

Puisque le conflit a amené dans le domaine public et religieux tout ce qui concerne le secret de la Salette, je n'ai pas de raison pour m'opposer maintenant au désir que vous me manifestez de publier ma lettre du 5 janvier ; si vous jugez que sa lecture puisse apporter quelque fruit, vous en ferez ce que bon vous semble devant Dieu et devant les hommes.

Enfin, je vous remercie de ce que vous faites à l'égard de la *semaine religieuse* de... et de moi-même ; j'espère que vos démarches très zélées seront couronnées d'un succès bien favorable. Notre-Dame de la Salette, qui a commencé son œuvre l'accomplira.

Je me recommande à vos bonnes prières, parce que j'en ai beaucoup besoin, et je vous prie d'agréer la nouvelle assurance de ma considération respectueuse et distinguée.

Votre très-humble serviteur,

SAUVEUR LOUIS, *évêque de Lecce*

A Monsieur A. Nicolas, avocat à Marseille

LETTRE DE Mgr ZOLA, ÉVÊQUE DE LECCE

Au R. P. Jean KUNZLÉ

Directeur Général des Prêtres Adorateurs de la Suisse, de l'Allemagne et de l'Autriche-Hongrie, à Feldkirch (Autriche) (1).

ÉVÊCHÉ DE LECCE
—

Lecce, le 5 Mars 1896.

« Très Révérend Monsieur le Directeur,

« Mes souffrances physiques s'étant un peu calmées, je viens répondre à vos deux lettres relatives au Secret de la Salette, contre lequel on dirait que Satan le maudit veut renouveler ses attaques avec une violence encore plus grande, attendu qu'il sait fort bien qu'il lui reste peu de temps « quia modicum tempus habet ». Mon intention n'est pas de vous faire une démonstration ni de vous exposer une défense du secret et de la bergère de la Salette qui nous l'a transmis. Cette tâche je l'ai considérée comme une obligation de conscience à laquelle j'ai satisfait pendant les 16 dernières années qui viennent de s'écouler. Ces démonstrations, cette défense se trouvent renfermées dans plusieurs lettres que j'ai écrites à diverses personnes de France, lettres qui ont été la plupart livrées à la publicité, souvent sans mon consentement ni une permission donnée à l'avance. J'avoue cependant que toutes ces lettres ont été fidèlement publiées, et en ce moment je ne rétracterai aucune des paroles que j'ai écrites à ce sujet et à ces diverses époques. Je me bornerai donc simplement aujourd'hui à vous affirmer les faits tels qu'ils se sont passés en réalité, vous laissant le soin de trouver dans cette lettre les réponses à vos questions et d'y puiser les motifs pour la sûreté de votre conscience.

« En 1868, Mgr Pétagna, d'heureuse et regrettée mémoire, alors saint et savant Evêque de Castellamare de Stabia, confiait à ma direction spirituelle Mélanie Calvat, aujourd'hui Sœur Marie de la Croix, qui demeurait à

(1) Traduite de l'italien par M. l'abbé Roubaud, de St-Tropez (Var).

cette époque dans cette ville, et avait pour compagne une religieuse de la Compassion de Marseille. Elles étaient l'une et l'autre sous la tutelle de ce saint Évêque. Je fus chargé de cette direction de Mélanie jusqu'en février 1873, époque à laquelle il plut au Seigneur de m'appeler, malgré ma très grande indignité (je le dis coram Domino) au siége épiscopal de Ugento, d'où, quatre ans après, je fus transféré à celui de Lecce. Pendant tout le temps que j'ai été chargé de la direction de Mélanie, je puis affirmer sous la foi du serment d'avoir toujours été édifié de la conduite vertueuse et exemplaire de cette bonne fille, comme l'avaient été avant moi Mgr Pétagna lui-même et d'autres très-dignes Prélats qui avaient eu l'occasion de conférer avec elle. Elle n'a jamais donné la plus légère occasion de pouvoir la considérer comme une illusionnée, une orgueilleuse, une intéressée, ou pire encore! comme l'ont dit ou écrit ses adversaires ou plutôt les adversaires de la Salette en France.

« Ce fut en 1869 (au mois de Mai je crois), que Mélanie elle-même me remit une copie du secret que la Sainte Vierge lui avait confié. J'en avais déjà appris quelque chose par sa compagne passionniste. Ce secret bien que communiqué plusieurs années auparavant par Mélanie à son confesseur en France était jusqu'alors demeuré secret et inconnu de tous. Mais après qu'elle me l'eût remis et qu'elle en eût donné des extraits à M. l'abbé Bliard, par l'intermédiaire de cet abbé il fut dévoilé en France, et connue d'une certaine manière à Rome ; car M. l'abbé Bliard en envoya une copie manuscrite au T. R. Père Séménenco, consulteur de la Congrégation de l'Index et directeur du Séminaire Polonais, ainsi qu'à d'autres dignitaires. Mais en 1872, pour la première fois, il fut édité par les soins de M. Girard, de Grenoble, rédacteur du journal *La Terre Sainte*. Puis en 1873, avec l'approbation archiépiscopale de Naples, il fut réédité dans cette ville et accompagné d'une savante lettre explicative de M. l'abbé Bliard à son sujet ; enfin en 1879, il fut réédité à Lecce avec l'approbation de mon vicaire général, qui dans cet opuscule de Mélanie ne trouva rien de contraire *à la foi et aux bonnes mœurs*.

« Mais avant de passer à autre chose, je dois vous affirmer que tous les prélats et autres dignitaires ecclésiastiques de ma connaissance qui ont connu le secret, tous, sans exception, ont porté un jugement entièrement favorable audit secret, soit par rapport à son authenticité, soit au point de vue de son origine divine passée au crible des Saintes Ecritures, ce qui imprime au secret un caractère de vérité qui en est désormais inséparable. Parmi ces prélats, qu'il me suffise de vous nommer le cardinal Consolini, le cardinal Guidi, le cardinal Riario Sforza, archevêque de Naples, Mgr Ricciardi, archevêque de Sorrento, Mgr Pétagna, évêque de Castellamare et d'autres illustres prélats dont le nom ne revient pas en ce moment à ma mémoire.

« La guerre et l'opposition au secret ainsi qu'à sa vérité commencèrent dès qu'il fut livré à la publicité ; on en repoussait surtout la première partie relative aux reproches adressés au clergé. Au début, cette guerre fut très circonscrite ; lorsque l'opuscule fut imprimé à Lecce avec l'approbation de ma curie, la guerre devint acharnée et sans trêve, car elle était soutenue par plusieurs évêques de France. J'eus à cette occasion bien des ennuis et des contrariétés à subir, et à plusieurs lettres qui m'arrivaient de France et d'ailleurs je fus obligé de répondre pour défendre le secret, la bonne Mélanie et aussi mon approbation de l'opuscule. Le prétexte de cette guerre fut toujours le même : « Si la véracité du secret est acceptée, disait-on, c'est un discrédit qui pèse sur le clergé, déjà si persécuté par les sectaires, ce que la Sainte Vierge ne peut pas vouloir ».

« Entre temps, on agit puissamment auprès du Saint-Siège pour que l'opuscule de Mélanie fut mis à l'index. Plusieurs ont dit qu'en cette circonstance quelques cardinaux se réunirent pour porter sur lui un jugement ; quant à ce fait je l'ignore absolument ; mais je puis affirmer avec certitude et même officiellement que tous les efforts pour obtenir la prohibition formelle de l'opuscule furent vains. Seulement, à la fin, pour calmer un peu les prélats français qui continuaient à faire la guerre au secret, le cardinal Caterini, secrétaire du St-Office, écrivit une lettre, dans laquelle il disait que le Saint-Siège avait vu avec déplaisir la publication du secret (faisant surtout allusion à la partie concernant le clergé et, ne jugeant pas qu'il fut à propos de le laisser entre les mains *des fidèles*. Cette lettre disait de retirer autant que possible ces exemplaires des mains des fidèles. Voilà tout ce qu'on put obtenir de Rome. Mais les journaux mensongers comme de coutume, publièrent que le Saint-

Office venait de lancer une absolue prohibition de l'opuscule, d'où surgit bientôt dans les âmes faibles un doute portant sur la réalité même de l'Apparition de Notre-Dame de la Salette. En réalité l'opuscule de Mélanie n'a jamais été mis à l'index : on manifesta seulement la volonté de ne pas le voir entre les mains des fidèles, précisément à cause de la partie concernant le clergé ; mais il n'y eut dans cette lettre pas un mot qui pût infirmer l'authenticité de ce même secret ni la valeur des prophéties qu'il renfermait (1). Alors considérant comme terminée la mission qu'il avait plu à Dieu de me confier, à savoir : de certifier et de défendre la véracité, l'authenticité et la divinité du céleste Message, jusqu'à ce jour je n'ai plus voulu répondre aux lettres qui m'arrivaient spécialement de France et qui m'interrogeaient et sur le Secret et sur les œuvres auxquelles il fait allusion, en particulier sur la fondation de l'ordre des apôtres des derniers temps ainsi que sur les Règles données par la Reine du Ciel à Mélanie, à la fin du secret. Ce silence que j'ai rigoureusement gardé a pu faire croire à plusieurs que

(1) La lettre du cardinal Caterini était adressée à l'Evêque de ***, qui, s'étant pourvu auprès de l'Index, avait été renvoyé à l'Inquisition, et avait menacé Rome du retrait du denier de Saint Pierre si l'on ne faisait pas quelque chose en sa faveur. — A la réception de la lettre du cardinal Caterini, Mgr de *** fut atterré : car, après avoir dit de retirer l'opuscule des mains des fidèles, si comme affirmait l'Evêque, le secret causait du trouble en France, le cardinal ajoutait : « *mais maintenez-le entre les mains du clergé pour qu'il en profite.* » — Cette ligne à elle seule prouvait la divinité du secret ; car on ne maintient pas, même pour le bien, entre les mains des prêtres, un opuscule qui ne serait qu'un pamphlet. N'osant donc publier cette lettre, il l'envoie à son collègue de ***. Mgr *** ne s'embarrasse pas pour si peu : il supprime la ligne, la remplace par un pointillé, et publie le premier un document qui n'était pas à son adresse. La *Semaine Religieuse* de *** publie ensuite avec l'ingénieux pointillé.

Notons encore que la lettre du card. Catérini ne relatait pas du tout la date de la réunion du St-Office, ce qui est de rigueur pour tous les actes officiels ; car c'était une lettre privée, d'un sous-secrétaire, signée par le cardinal. Le sous-secrétaire s'excusa même à Mgr Zola, lui disant qu'il avait eu la main forcée.

(Note du traducteur).

mon opinion et mon jugement sur l'authenticité et la valeur intrinsèque du secret avaient changé, et qu'au fond je rétractais tout ce que j'avais dit et écrit en sa faveur. Il n'en est rien. Et c'est précisément pour anéantir ces suppositions que je me suis décidé cette fois à rompre mon silence et à vous écrire cette lettre. De cette manière tout malentendu, toutes les fausses suppositions tomberont d'elles-mêmes et feront place à la vérité. Mon jugement *devant le Seigneur* sur l'opuscule, sur le secret et tout le reste, est le même qu'auparavant. Il est même plus inébranlable, attendu que, depuis lors, plusieurs des prédictions qu'il renferme se sont réalisées.

« Promu à l'épiscopat, il me devenait impossible de continuer à être le directeur de Mélanie. L'impossibilité devint encore plus grande lorsqu'elle quitta sa résidence de Castellamarre pour aller assister en France sa vieille mère. Elle y demeura jusqu'à ces deux dernières années. Elle est alors revenue pour demeurer en Italie, mais nos relations depuis cette époque ont été pour ainsi dire nulles. Néanmoins je puis affirmer en toute sincérité qu'elle mène une vie complétement solitaire et édifiante...

« Je viens de vous exposer tout ce qui concerne la Salette. Vous pouvez, comme je vous l'ai déjà dit, en tirer en toute sécurité les réponses à vos questions et soumettre le tout avec confiance au jugement plein de sagesse de vos supérieurs. Je ne leur écrirai cependant pas directement, bien que vous m'en exprimiez le désir attendu que, le dirais-je, je ne tiens plus à entrer en polémique à ce sujet. — Je vais rentrer dans mon silence, attendant que les événements parlent d'eux-mêmes, comme d'ailleurs ils ont déjà commencé à parler éloquemment par la réalisation d'une partie des prophéties contenues dans le Secret, objet de tant de luttes. Je vous serai cependant reconnaissant si vous vouliez bien me tenir au courant de l'effet produit par cette lettre, de quelque nature qu'il soit.

« Si vous désirez à ce sujet des éclaircissements plus détaillés, vous pouvez vous procurer un intéressant opuscule « **Le Grand Coup avec sa date probable** » (1) publié récemment par le Curé de Diou (Allier), M.

---

(1) 3e édition, plus complète, augmentée de la brochure de Mélanie. — **Prix : 1 fr. 65** *franco ;* en vente chez l'auteur.

l'abbé Combe. — A la fin de cet opuscule vous trouverez divers extraits d'une de mes lettres écrite à un curé français en 1880. Ils ont été fidèlement reproduits et sont exacts en ce qui concerne la Salette.

« En preuve d'une plus grande authenticité, j'appose ci-contre mon sceau.

« Votre très-humble serviteur en Jésus.

† SAUVEUR Louis,

Evêque de Lecce ».

Lieu du sceau.

TABLE DES MATIÈRES

BIBLIOGRAPHIE

La présente brochure complète le **Récit de l'Apparition de la Salette,** que Mélanie vient de faire réimprimer à Lyon, tel qu'elle le publia en 1879, avec l'Imprimatur de Mgr Zola, evêque de Lecce.

On peut se procurer le Récit de l'Apparition de la Salette, à la Librairie du Sacré-Cœur, 17, rue St-Dominique, à Lyon. — *Prix : 0 fr. 30.*

EN VENTE A L'IMPRIMERIE H. DOUCHET :

L'Echo de la Sainte Montagne et la **Suite de l'Echo de la Sainte Montagne,** réimpression des deux volumes de Mlle des BRULAIS, en un seul volume compacte, in-8° jésus, 2 colonnes, de 280 pages, broché. — *Prix : 2 fr. 50 ;* Franco, *3 fr.*

EN PRÉPARATION

Le Même Ouvrage, sur beau papier, à grandes marges, avec titres en couleurs et illustré des 10 gravures et du plan de l'Album de Mlle des BRULAIS. — *Prix : 4 fr. ;* Franco, *4 fr. 80.*

SOUS PRESSE

Les Premiers Témoins de l'Apparition. — Extraits analytiques des Ouvrages et Documents des Auteurs Contemporains.

Ma Profession de Foi sur l'Apparition de N.-D. de la Salette, ou Réponse aux attaques dirigées contre la croyance des Témoins, par Maximin GIRAUD, l'un des Bergers.

www.ingramcontent.com/pod-product-compliance
Ingram Content Group UK Ltd.
Pitfield, Milton Keynes, MK11 3LW, UK
UKHW021040220726
13924UKWH00001B/435